BEI GRIN MACHT SICH IHR WISSEN BEZAHLT

- Wir veröffentlichen Ihre Hausarbeit, Bachelor- und Masterarbeit

- Ihr eigenes eBook und Buch - weltweit in allen wichtigen Shops

- Verdienen Sie an jedem Verkauf

Jetzt bei www.GRIN.com hochladen und kostenlos publizieren

Tom Zinke

Elektronische Gesundheitskarte. Datenschutz und Sicherheit

GRIN Verlag

Bibliografische Information der Deutschen Nationalbibliothek:

Die Deutsche Bibliothek verzeichnet diese Publikation in der Deutschen National-
bibliografie; detaillierte bibliografische Daten sind im Internet über http://dnb.d-
nb.de/ abrufbar.

Impressum:

Copyright © 2010 GRIN Verlag GmbH
Druck und Bindung: Books on Demand GmbH, Norderstedt Germany
ISBN: 978-3-656-76771-8

Dieses Buch bei GRIN:

http://www.grin.com/de/e-book/231462/elektronische-gesundheitskarte-datenschutz-
und-sicherheit

Martin-Luther-Universität Halle-Wittenberg

- Juristische und Wirtschaftswissenschaftliche Fakultät -

Wirtschaftswissenschaftlicher Bereich

Lehrstuhl für Wirtschaftsinformatik, insbesondere *Electronic Business*

Bachelorarbeit

Zur Erlangung des Grades Bachelor of Science

in Wirtschaftsinformatik

über das Thema

Elektronische Gesundheitskarte -

Datenschutz und Sicherheit

Bachelor: Bachelorarbeit

WS 2010/2011

Tom Zinke   7. Semester

Inhaltsverzeichnis

Abbildungsverzeichnis

Abkürzungsverzeichnis

AES   -   *Advanced Encription Standard*

AH   -   *Authentication Header*

BDSG   -   Bundesdatenschutzgesetz

BSI   -   Bundesamt für Sicherheit in der Informationstechnik

CBC   -   *Cipher Block Chaining*

DES   -   *Data Encription Standard*

eArztbrief   -   Elektronischer Arztbrief

ECC   -   *Elliptic Curve Cryptography*

eGK   -   Elektronische Gesundheitskarte

EHIC   -   *European Health Insurance Card* (europäische Krankenversicher-tenkarte)

ePA   -   Elektronische Patientenakte

eRezept   -   Elektronisches Rezept

ESP   -   *Encapsulated Security Payload*

Gematik   -   Gesellschaft für Telematikanwendungen der Gesundheitskarte

GMG   -   Gesetz zur Modernisierung der gesetzlichen Krankenversicherung

HBA   -   Heilberufsausweis

HMAC   -   *Hash Message Authentication Code*

HPC   -   *Health Professional Card*

IKE   -   *Internet Key Exchange*

IP   -   *Internet Protocol*

IPSec   -   *Internet Protocol Security*

IT	-	Informationstechnik
KVK	-	Krankenversichertenkarte
OSI	-	*Open Systems Interconnection*
PIN	-	Persönliche Identifikationsnummer
RSA	-	Rivest-Shamir-Adleman
SGB V	-	Fünftes Sozialgesetzbuch
SHA	-	*Secure Hash Algorithm*
SigG	-	Signaturgesetz
SSL	-	*Secure Socket Layer*
StPO	-	Strafprozessordnung
TCP/IP	-	*Transmission Control Protocol/Internet Protocol*
3TDES	-	*Tripple Date Encription Standard*
VPN	-	Virtuelles Privates Netzwerk
VSSD	-	Versichertenstammdaten

1 Einleitung

Im Zeitalter globaler Information und Kommunikation ist es wichtig, vorhandene Prozesse zu optimieren und zu vernetzen. Daher beschloss die Bundesregierung im November 2003 die Einführung der elektronischen Gesundheitskarte (eGK) und damit die Schaffung einer bundesweit einheitlichen Telematikinfrastruktur im Gesundheitswesen.[1] Ziel ist es, die bislang existierenden Insellösungen in Krankenhäusern, Arztpraxen und Apotheken aufzugreifen und dafür eine vernetze, transparente Infrastruktur zu schaffen.[2] Da diese Vernetzung jedoch eine Bedrohung für die sensiblen Gesundheitsdaten beinhaltet, stehen viele Bürger der Einführung der eGK skeptisch gegenüber.[3] Daher müssen diese Daten vor Angriffen geschützt werden.

Diese Arbeit beschäftigt sich mit der Sicherheit und dem Datenschutz der eGK. Ziel ist es, die angewandten Techniken und Verfahren der eGK sowie der Telematikinfrastruktur zu erklären und deren Zusammenspiel bei der Datenübertragung zu erläutern.

Zu Beginn der Arbeit werden die Begriffe Datenschutz und Sicherheit voneinander abgegrenzt und anhand eindeutiger Eigenschaften beschrieben. Dies soll im weiteren Verlauf dabei helfen, bestimmte Datenschutz- und Sicherheitsmaßnahmen klar voneinander zu unterscheiden. Im zweiten Teil werden die Grundlagen der eGK beschrieben. Hierbei wird genauer auf den Aufbau der eGK und deren Funktionen eingegangen. Sowohl der Aufbau als auch die Funktionen der eGK bilden den Rahmen für die rechtliche Seite der eGK. Im Mittelpunkt der Arbeit stehen die Prozesse der Datenverarbeitung und -übertragung. Zu Beginn sind hierbei vor allem interne und externe Datenschutz- und Sicherheitsmaßnahmen von Interesse. Im letzten Teil der Arbeit werden diese Maßnahmen kritisch hinterfragt. Es werden mögliche Risiken und Lösungsvorschläge in Form einer Sicherheitsanalyse beschrieben.

---

[1] Vgl. Bales, S. (2005), S. 727.
[2] Vgl. BMWA/BMBF (2003), S. 65f.
[3] Vgl. Bölsche, J. (2008), S. 1f.

2 Datenschutz und Sicherheit

Im folgenden Kapitel werden die Begriffe Datenschutz und Sicherheit erläutert. Dabei werden speziell deren Eigenschaften beziehungsweise Schutzziele dargestellt, um im Anschluss Datenschutz- und Sicherheitsmaßnahmen voneinander zu unterscheiden.

2.1 Datenschutz

„Der Begriff Datenschutz wurde erstmalig 1972 [...] in das deutsche Rechtssystem eingeführt."[4] Er bezeichnet das Herrschaftsrecht des Einzelnen, selbst über die Weitergabe seiner Daten entscheiden zu können.[5] Der Begriff wird aus dem Grundgesetz abgeleitet. Demnach bilden das Recht auf Menschenwürde, das allgemeine Persönlichkeitsrecht und, in diesem Zusammenhang, das Recht auf informationelle Selbstbestimmung die Basis des Datenschutzes.[6] Das Recht auf informationelle Selbstbestimmung, welches vom Bundesverfassungsgericht im Volkszählungsurteil von 1983 beschlossen wurde, ist die Grundlage des Datenschutzes.[7] Demzufolge wird die individuelle Privatsphäre erhalten und die Abhängigkeit von Dritten minimiert.[8] Das Bundesdatenschutzgesetz geht davon aus, dass das Persönlichkeitsrecht des Einzelnen nicht verletzt werden darf.[9] Dies gilt sowohl für personenbezogene Daten, zum Beispiel Versichertendaten, als auch für nicht personenbezogene Daten, welche beispielsweise durch Statistiken ermittelt werden können. Claudia Eckert beschreibt den Begriff Datenschutz als „Fähigkeit einer natürlichen Person, die Weitergabe von Informationen, die Sie persönlich betreffen zu kontrollieren".[10]

Sobald Daten erhoben, verarbeitet oder verwendet werden, sind bestimmte Datenschutzanforderungen zu erfüllen. Dazu gehören im Wesentlichen drei Hauptprinzipien: die Datensparsamkeit oder Datenvermeidung, die Zweckbindung und die Erforderlichkeit.[11] Datensparsamkeit beziehungsweise Datenvermeidung beinhaltet, dass nur Daten erhoben oder verarbeitet werden, die für den Bearbeitungsprozess notwendig sind.[12] Dabei kann der Versicherte sicher sein, dass seine Daten gesperrt oder vernichtet wer-

---

[4] Schaar, P. (2007), S. 21.
[5] Vgl. Müller, J. H. (2005), S. 629.
[6] Vgl. Derleder, P./Knops, K. - O./Bamberger, H. G. (2004), S. 142; vgl. Müller, J. H. (2005), S. 629; vgl. Roßnagel, A. (2005), S. 464.
[7] Vgl. Müller, J. H. (2005), S. 629; vgl. Schaar, P. (2007), S. 31.
[8] Vgl. Müller, J. H. (2005), S. 629.
[9] Vgl. BMJ (2010), §1f. BDSG.
[10] Eckert, C. (2006), S. 5.
[11] Vgl. BMJ (2010), §§3a, 4 BDSG.
[12] Vgl. BMJ (2010), §3a BDSG.

den, sobald diese nicht mehr benötigt werden.[13] Außerdem werden Daten nur soweit an Dritte weitergegeben, wie diese sie für ihre Zwecke benötigen. Peter Schaar sagt: „Den besten Datenschutz erreichen wir, wenn personenbezogene Datensammlungen von vornherein vermieden werden".[14] Aus diesem Grund müssen die Daten einem bestimmten Zweck dienen, das heißt es soll verhindert werden, dass Daten zweckentfremdet beziehungsweise für andere illegale Zwecke genutzt werden.[15] Die Zweckbindung leitet sich aus dem ersten Prinzip der Datensparsamkeit und Datenvermeidung ab. Demnach muss die Zulässigkeit der Erhebung und Verarbeitung von Daten einem Zweck dienen. Die Verwendung von Daten ist allerdings nur zulässig, wenn der Versicherte seine Erlaubnis gibt.[16] Sobald die Daten anderweitig verwendet werden, muss der Versicherte seine Einwilligung erneut erteilen.[17] Das dritte Prinzip ist die Erforderlichkeit von Daten. Ausgangspunkt ist, dass Daten nur soweit erhoben werden, wie sie zur Zielerreichung benötigt werden. Die Erforderlichkeit ist also Voraussetzung für Zweckbindung und Datensparsamkeit beziehungsweise Datenvermeidung.[18] Neben diesen drei Hauptprinzipien wurden auf der Datenschutzkonferenz von 2005 noch weitere Datenschutzprinzipien angebracht. Diese sind in der Erklärung von Montreux aufgeführt. Zu ihnen zählen zum Beispiel Richtigkeit der Daten, Verhältnismäßigkeit, Nicht-Diskriminierung, Transparenz et cetera.[19]

2.2 Sicherheit

Sicherheit ist ein Begriff, der in vielen Bereichen verwendet wird. Im Bauwesen wird von der Sicherheit von Stahlträgern gesprochen oder in der Bevölkerung von der Sicherheit sozialer Systeme. In dieser Arbeit definiere ich den Begriff aus informationstechnischer Sicht. Datensicherheit, oder auch „IT-Sicherheit", bezieht sich auf den Umgang mit Daten, die in Informationstechnik (IT)-Systemen verwaltet werden. Dabei bezeichnet Datensicherheit den Schutz der Daten vor Missbrauch, Einsicht oder Verfälschung.[20] IT-Sicherheit hingegen geht von der Sicherheit von Daten und Funktionen in IT-Systemen aus.[21] Im Rahmen dieser Arbeit werden diese beiden Begriffe synonym

---

[13] Vgl. BMJ (2010), §6 Abs. 1 BDSG.
[14] BFDI (2005).
[15] Vgl. BMJ (2010), §3ff. BDSG; vgl. Gematik (2008), S. 12.
[16] Vgl. Müller, J. H. (2005), S. 630.
[17] Vgl. Müller, J. H. (2005), S. 630.
[18] Vgl. Roßnagel, A. (2005), S. 465.
[19] Vgl. 27. Datenschutzkonferenz (2005), S. 2f.
[20] Vgl. Haas, P. (2006), S. 589.
[21] Vgl. Müller, J. H. (2005), S. 632.

verwendet. Claudia Eckert unterscheidet Sicherheit in funktions- und informationssiche-re Systeme. In funktionssicheren Systemen stimmt der angegebene Ist-Zustand mit dem vorgegebenen Soll-Zustand überein[22], während informationssichere Systeme nur Vor-gänge zulassen, die zu keiner unerlaubten Veränderung oder zu einem Gewinn von In-formationen führen.[23] Demnach definiert Claudia Eckert Datensicherheit als funktions-sicheres System, das keine Möglichkeiten bietet, unautorisierte Zugriffe auf Daten oder Ressourcen zu tätigen. Dabei schließt sie Verfahren zum Schutz vor Manipulation oder Verlust von Daten, zum Beispiel durch *Backups*, mit ein.[24] Das Bundesamt für Sicher-heit in der Informationstechnik (BSI) bezeichnet Datensicherheit oder IT-Sicherheit als Schutz von Daten hinsichtlich gegebener Anforderung an die Sicherheit.[25] Diese Anfor-derungen werden auch als „Schutzziele" bezeichnet.

Die IT-Sicherheit umfasst im Wesentlichen fünf Schutzziele: die Authentizität, die Da-tenintegrität, die Vertraulichkeit, die Verbindlichkeit und die Verfügbarkeit.[26] Die Au-thentizität bestimmt die Echtheit beziehungsweise Glaubwürdigkeit der Daten, das heißt der Empfänger einer Nachricht kann den Sender eindeutig identifizieren.[27] Im Alltag wird beispielsweise die Authentizität eines Rezeptes mit der Unterschrift eines Arztes belegt, während in der digitalen Welt zum Beispiel elektronische Signaturen verwendet werden. Die Datenintegrität beschreibt, die Möglichkeit des Empfängers eindeutig fest-zustellen, dass die Daten während des gesamten Bearbeitungs- und Speicherprozesses nicht manipuliert wurden.[28] Um Änderungen besser nachzuweisen werden zum Beispiel *Hash*-Verfahren benutzt. Im Gesundheitswesen ist es wichtig, dass die Daten eines Ver-sicherten vertraulich behandelt werden. Um die Vertraulichkeit von elektronischen Da-ten gegen unautorisierte Zugriffe sicherzustellen, verschlüsseln Sender und Empfänger die Daten.[29] Das vierte Schutzziel ist die Verbindlichkeit. Sie legt fest, dass der Absen-der das Übermitteln einer Nachricht gegenüber Dritten nicht abstreiten kann.[30] Dazu ist es notwendig, dass Änderungen an einem Dokument genau protokolliert und festgehal-ten werden.[31] In der Praxis ist es wichtig, dass Ärzte bestimmte Verordnungen nicht

---

[22] Vgl. Eckert, C. (2006), S. 4f.
[23] Vgl. Eckert, C. (2006), S. 5.
[24] Vgl. Eckert, C. (2006), S. 4ff.
[25] Vgl. BSI (2009), S. 8.
[26] Vgl. Eckert, C. (2006), S. 6ff.; vgl. Gematik (2008c), S. 42ff.; vgl. Müller, J. H. (2005), S. 632ff.
[27] Vgl. Müller, J. H. (2005), S. 633
[28] Vgl. BSI (2009), S. 8.
[29] Vgl. Eckert, C. (2006), S. 8f.
[30] Vgl. Gematik (2008c), S. 43.
[31] Vgl. Eckert, C. (2006), S. 11f.

abstreiten können, um im Zweifelsfall eine lückenlose Dokumentation nachzuweisen. Die Verfügbarkeit ist das fünfte Schutzziel der IT-Sicherheit. Im Gesundheitswesen ist es wichtig, dass die Gesundheitsdaten eines Versicherten immer und überall zur Verfügung stehen.[32] Im Notfall kann es lebensrettend sein, zeitnah über wichtige Daten wie etwa Allergien oder Unverträglichkeiten verfügen zu können. Um bestimmte Wartezeiten nicht zu überschreiten, sind Quoten beziehungsweise Richtlinien festgelegt.[33] Sie helfen unter anderem dabei, unautorisierte Zugriffe leichter zu erkennen.[34]

In der Literatur werden die eben erläuterten fünf Schutzziele als Hauptbestandteil der Datensicherheit genannt. Darüber hinaus gibt es Ansichten, die von weiteren Schutzzielen wie der Revisionsfähigkeit, der Durchsetzbarkeit, der Transparenz und so weiter ausgehen.[35] Bei der eGK werden außerdem die Nichtabstreitbarkeit und die Autorisierung genannt.[36]

---

[32] Vgl. Müller, J. H. (2005), S. 632.
[33] Vgl. Eckert, C. (2006), S. 11.
[34] Vgl. Eckert, C. (2006), S. 11.
[35] Vgl. 27. Datenschutzkonferenz (2005), S. 2f.
[36] Vgl. Gematik (2008c), S. 43f.

3 Grundlagen der elektronischen Gesundheitskarte

In diesem Kapitel geht es um die grundlegenden Funktionen und den optischen Aufbau der eGK. Im zweiten Teil wird der dazugehörige rechtliche Rahmen dargestellt.

3.1 Aufbau der elektronischen Gesundheitskarte

1995 wurde die Krankenversichertenkarte (KVK) als Ersatz für den Krankenschein in Deutschland eingeführt.[37] Heute, 15 Jahre danach, löst die eGK die KVK schrittweise ab.

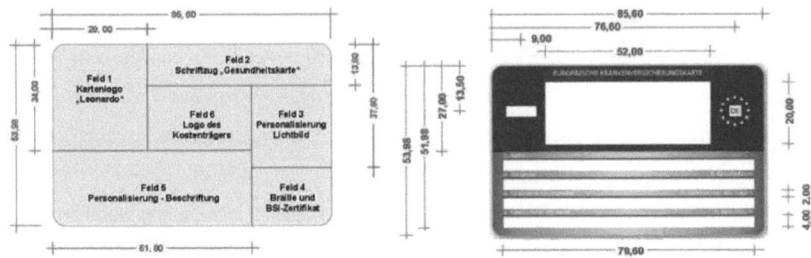

Abbildung 1: Vorder- und Rückseite der eGK Abmessungen

(Quelle: Vorderseite: Gematik (2007), S. 14; Rückseite: Gematik (2007), S. 25)

Abbildung 1 zeigt den musterhaften Aufbau der neuen eGK mit den spezifischen Abmessungen. Sie wird nach ISO 7810 gefertigt und entspricht dem Kartentyp ID 1.[38] Die Vorderseite ist in sechs Felder unterteilt, die in personalisierte und genormte Bereiche differenziert sind. Zu den genormten Feldern gehören Feld 1, Feld 2 und Feld 4.[39] Sie enthalten die wesentlichen Inhalte, die jede eGK besitzen muss. In Feld 1 ist der vitruvianische Mensch von Leonardo da Vinci abgebildet. Dieser kennzeichnet die Karte für das Gesundheitswesen[40] und beinhaltet einen aufgebrachten Mikroprozessorchip.[41] Erstmals ist der Chip kein reiner Speicherchip, sondern vergleichbar mit einem Personal-Computer aus den 80er Jahren.[42] Er ist programmierbar und verfügt über einen Mikroprozessor, eine Speichereinheit und mehrere Kommunikationsschnittstellen.[43] Laut S. Bales ist die Speichergröße der Karte von 256 Byte bei der KVK auf 32.000 bis 64.000

---

[37] Vgl. BMG (2008), S. 4.
[38] Vgl. Gematik (2007), S. 13.
[39] Vgl. Gematik (2007), S. 14ff.
[40] Vgl. BMG (2008), S. 10.
[41] Vgl. BMG (2008), S. 10.
[42] Vgl. Gematik (2008), S. 16.
[43] Vgl. Gematik (2008), S. 16f.

Byte angewachsen.[44] Damit ist die eGK keine Speicherkarte, sondern eine Smartcard.[45] Im Feld 2 steht der Titel „Gesundheitskarte" geschrieben.[46] Jede Karte wird im Block unter dem Titel, die Farben der jeweiligen Nation besitzen.[47] Für Deutschland wären das die Farben Schwarz-Rot-Gold. Außerdem werden die Karten der ersten Generation durch das „G1" unterhalb des Titels gekennzeichnet. Die privaten Krankenkassen erhalten stattdessen den Titel „Privat".[48] Im Feld 4 wird das BSI-Logo als Nachweis für die Sicherheit der Karte aufgebracht sein.[49] Es ist optional für die Krankenkassen und erhöht die Markttransparenz.[50] Zusätzlich wird der Titel „eGK" in Braille-Schrift oberhalb des Logos gedruckt.[51] Braille-Schrift ist eine Blindenschrift, benannt nach dem Franzosen Louis Braille. Jedoch befindet sich dieses Merkmal noch in der Testphase. Es ist noch nicht sicher, ob es bei künftigen Generationen der eGK vorhanden sein wird.[52] Feld 3, 5 und 6 sind die Personalisierungsfelder der eGK.[53] Im Feld 3 wird das Lichtbild des Karteninhabers nach §3 der Passmusterverordnung aufgebracht sein.[54] Jeder, der das 15. Lebensjahr vollendet hat und gesundheitlich dazu in der Lage ist, muss bei den Krankenkassen ein Passfoto einreichen.[55] Befreit sind Personen, wie Schwerbehinderte, die nicht bei der Erstellung eines Bildes mitwirken können.[56] Im Feld 5 sind die Daten des Versicherten aufgeführt.[57] Dazu gehören neben dem Vor- und Zunamen auch die Kassen- und Versichertennummer. Innovativ ist, die einheitliche Abbildung des Versichertenstatus, zusätzlich zu den aufgeführten Daten.[58] Hierbei steht die Ziffern 1 für Mitglied, 3 für Familienversicherte und 5 für Rentner. Feld 3 und 5 identifizieren den Karteninhaber eindeutig. Im Feld 6 kann die Krankenkasse ihr Firmenlogo oder eine Servicenummer einbinden.[59] Je nach Krankenkasse kann die eGK somit individuell gestaltet werden. Laut der Gesellschaft für Telematikanwendungen der Gesundheitskarte (Gematik) können die Krankenkassen die eGK auch außerhalb des Feldes frei gestalten, soweit die Angaben in den anderen Feldern eindeutig zu identifizieren und zu er-

---

[44] Vgl. Bales, S. (2005), S. 728.
[45] Vgl. Gematik (2008), S. 16.
[46] Vgl. Gematik (2007), S. 17.
[47] Vgl. Gematik (2007), S. 17.
[48] Vgl. Gematik (2007), S. 14.
[49] Vgl. Gematik (2007), S. 14.
[50] Vgl. Gematik (2007), S. 14.
[51] Vgl. Gematik (2008), S. 10.
[52] Vgl. BMG (2008), S. 10.
[53] Vgl. Gematik (2007), S. 14ff.
[54] Vgl. Gematik (2007), S. 20.
[55] Vgl. BMJ (2010a), §291 Abs. 2 Satz 1 SGB V.
[56] Vgl. BMG (2009), S. 1.
[57] Vgl. Gematik (2008), S. 10.
[58] Vgl. Bales, S. (2005), S. 729.
[59] Vgl. Gematik (2007), S. 14.

kennen sind.[60] Abbildung 2 zeigt den endgültigen Aufbau der eGK am Beispiel einer fertigen Musterkarte. Auf der Rückseite der eGK wurde der europäische Krankenversichertenausweis (EHIC) übernommen. Es liegt im Ermessen der Krankenkasse den EHIC auf die Rückseite der eGK zu übernehmen[61], wie in Abbildung 2 gezeigt.

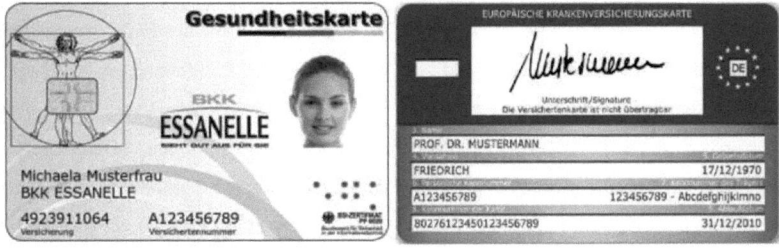

Abbildung 2: Muster der Vorder- und Rückseite der eGK

(Quelle: Vorderseite: https://bkk-essanelle.systemform.de/images/EGK-Karte.jpg; Rückseite: Gematik mbH (2007), S. 32)

Der EHIC ist nach einem europaweit einheitlichen Muster aufgebaut.[62] Die Regelungen dazu sind im europäischen Gemeinschaftsrecht beschrieben.[63] Im Wesentlichen ist er blau und enthält neben dem Europäischen Emblem (rechts oben) und dem Titel „Europäische Krankenversichertenkarte" (oben Mitte) ein Signierungsfeld (Mitte) und ein Datenfeld (Mitte unten).[64] Im Datenfeld sind die genauen Informationen des Versicherten aufgeführt. Sie sind auf die wesentlichen Informationen begrenzt, die der Versicherte im Ausland zur Leistungsverrechnung benötigt.[65]

3.2 Anwendungen der elektronischen Gesundheitskarte

In §291a des fünften Sozialgesetzbuches sind die genauen Regelungen zur eGK festgelegt. Hierzu finden sich im zweiten und dritten Absatz die vom Gesetzgeber vorgeschriebenen Anwendungen der eGK. Diese sind in einen administrativen und medizinischen Anwendungsteil zu unterscheiden.[66] Der administrative Bereich der Gesundheitskarte enthält die Pflichtangaben des Versicherten.[67] Zu den Pflichtangaben zählen die

---

[60] Vgl. Gematik (2007), S. 17f.
[61] Vgl. Gematik (2007), S. 24.
[62] Vgl. BMG (2009a), S. 1.
[63] Vgl. BMG (2009a), S. 1.
[64] Vgl. Gematik (2007), S. 25ff.
[65] Vgl. BMG (2009a), S. 1f.
[66] Vgl. Bales, S. (2005), S. 729f.
[67] Vgl. BMG (2008), S. 12.

Versichertenstammdaten (VSSD) wie Name, Anschrift, Geburtsdatum, Versicherten-nummer et cetera.[68] Neu sind Angaben zum Geschlecht beziehungsweise zum Zuzah-lungsstatus.[69] Wie bereits erwähnt, ist der EHIC auf der Rückseite der eGK abgebildet. Er ersetzt das E 111-Formular beziehungsweise den Auslandskrankenschein.[70] Der EHIC ermöglicht dem Besitzer Ansprüche auf medizinische Leistungen innerhalb der Europäischen Union geltend zu machen.[71] Die VSSD respektive der EHIC werden vor-wiegend für Abrechnungszwecke und zur Verwaltung von Patientenakten in Arztpra-xen, Krankenhäusern und so weiter verwendet.[72] Später wird es dem Versicherten mög-lich sein, seine VSSD auch Online einzusehen und ändern zu können.[73] Das elektroni-sche Rezept (eRezept) gehört ebenfalls zu den ersten Anwendungen der eGK. Zusam-men mit den administrativen Daten ist es die Basis der eGK.[74] Mit deren Einführung fallen die rund 600 bis 800 Millionen Rezepte weg, die jährlich im Gesundheitswesen verordnet werden.[75] Damit ist das eRezept nicht nur eine Entlastung für die Umwelt, sondern auch aus ökonomischer Sicht kostengünstig.[76] Wie das eRezept umgesetzt wird, ob es auf der Gesundheitskarte direkt oder über eine sichere Netzwerkverbindung auf einen Server übertragen wird, steht noch zur Debatte.[77]

Der medizinische Bereich der eGK ist fakultativ.[78] Er umfasst Anwendungen, die im §291a, Abs. 2 SGB V geregelt sind. Diese Anwendungen können nur mit Zustimmung des Versicherten genutzt werden.[79] Hierzu zählen die Notfalldaten, die Arzneimitteldo-kumentation, der elektronische Arztbrief (eArztbrief) und die elektronische Patientenak-te (ePA). Um eine bessere Erstversorgung zu gewährleisten, kann der Versicherte einen Notfalldatensatz auf der eGK einrichten lassen.[80] Er umfasst Informationen zu Kontakt-daten, Allergien, Unverträglichkeiten, operativen Eingriffen und so weiter. Welche Da-ten gespeichert werden, entscheidet allein der Versicherte.[81] Die Arzneimitteldokumen-tation gibt dem behandelnden Arzt und Apotheker einen Überblick über die verordnete

---

[68] Vgl. Bales, S. (2005), S. 729.
[69] Vgl. ZTG (2010).
[70] Vgl. Hildebrand, C. u. a. (2005), S. 47.
[71] Vgl. BMG (2009a), S. 1ff.
[72] Vgl. BMG (2009a), S. 1ff.
[73] Vgl. ZTG (2010a).
[74] Vgl. Bales, S. (2005), S. 729f.
[75] BMG (2008), S. 15; Bales, S. (2005), S. 730; Haas, P. (2006), S. 394.
[76] Vgl. Eberspächer, J./Picot, A./Braun, G. (2006), S. 201.
[77] Vgl. Müller, J. H. (2005), S. 632.
[78] Vgl. BMG (2008), S. 12.
[79] Vgl. ZTG (2010).
[80] Vgl. Weichert, T. (2004), S. 396.
[81] Vgl. Gematik (2010).

Medikation. Sie hilft, Doppelverordnungen zu vermeiden und Risiken bei der Medikation beziehungsweise Wechselwirkungen von den Medikamenten frühzeitig zu erkennen.[82] Meist ist den behandelnden Ärzten nicht bekannt, welche nicht verschreibungspflichtigen Medikamente der Versicherte zusätzlich zur verordneten Therapie nimmt. Um solche Defizite zu minimieren, kann auch der Apotheker Einträge in die Arzneimitteldokumentation vornehmen.[83] Somit kann von der medizinischen und pharmazeutischen Seite aus kontrolliert werden, welche Medikation vorliegt. Das verbessert nicht nur die Qualität der Behandlung, sondern auch deren Effizienz. Der eArztbrief ersetzt somit den bisher existierenden analogen Arztbrief. Ähnlich wie beim eRezept soll auch hier der Medienbruch vermieden werden.[84] Allerdings steht beim eArztbrief die Standardisierung der Formate im Vordergrund.[85] Momentan gibt es keine formale Regelung zum Aufbau eines Arztbriefes. Um eine bessere Kommunikation zu ermöglichen und die Vergleichbarkeit von Arztbriefen zu fördern, ist der Aufbau eines eArztbriefes strukturiert.[86] Zur besseren Abgrenzung wird zwischen einem einfachen und einem komplexen Arztbrief unterschieden.[87] Der einfache Arztbrief spiegelt vor allem einfache Befunde, Untersuchungsergebnisse, und viele mehr wider, während der komplexe Arztbrief für detailliertere Befunde gedacht ist, die zum Beispiel Behandlungsabschnitte wiedergeben. Deshalb ist der eArztbrief ein wichtiges Instrument für die Kommunikation zwischen den Institutionen des Gesundheitswesens. Die ePA stellt den Mittelpunkt der Patientenbehandlung dar. In ihr sind alle behandlungsspezifischen Daten zusammengefasst.[88] Sämtliche Befunde, Röntgenbilder, Arztbriefe oder Medikationen werden in ihr gesammelt und gespeichert. Damit wird ein schneller Zugriff auf die Patientendaten ermöglicht. Zusätzlich fördert die ePA die Zusammenarbeit aller am Behandlungsprozess beteiligten Leistungserbringer.[89]

Das sind jedoch nicht alle Funktionen der eGK. Um von der rechtlichen Seite die Nichtabstreitbarkeit zu gewährleisten, ist ein Auditdienst in die Karte integriert.[90] Er protokolliert die letzten 50 Zugriffe auf die eGK.[91] Dabei arbeitet er auf Grundlage der Da-

---

[82] Vgl. BMG (2008), S. 21ff.
[83] Vgl. BMG (2008), S. 24.
[84] Vgl. Haas, P. (2006), S. 410; vgl. Weichert, T. (2004), S. 396.
[85] Vgl. Haas, P. (2006), S. 409.
[86] Vgl. Haas, P. (2006), S. 591.
[87] Die Ausführungen im folgenden Abschnitt beziehen sich auf: vgl. Haas, P. (2006), S. 408ff.
[88] Vgl. BMG (2008), S. 26.
[89] Vgl. BMG (2008), S. 26f.
[90] Vgl. Gematik (2008), S. 28.
[91] Vgl. Weichert, T. (2004), S. 392; vgl. Gematik (2008), S. 28.

tensparsamkeit und verschlüsselt die Zugriffe mit dem privaten Schlüssel des Karteninhabers, so dass nur der Besitzer der Karte Zugriff auf den Auditdienst hat. [92]

3.3 Rechtlicher Rahmen

Digitales Wirtschaften ist nur möglich, wenn in allen Bereichen genaue rechtliche Rahmenbedingungen festgelegt werden. Dazu müssen Regelungen geschaffen werden, die den Datenaustausch, die Gleichstellung von digitalen Dokumenten und Transaktionen betreffen. Ebenso ist ein Reglement für den elektronischen Datenverkehr in Bezug auf informationelle Selbstbestimmung und Datenschutz zu entwickeln. „Für Wachstum und Wettbewerbsfähigkeit [...] sind [...] rechtliche Rahmenbedingungen für die neuen Dienste zu gewährleisten."[93] Das Gesetz zur Modernisierung der gesetzlichen Krankenversicherung (GMG), welches 2003 verabschiedet wurde, legt die rechtlichen Rahmenbedingungen für die eGK fest.[94] Dazu wurden eine Vielzahl von Veränderungen, zum Beispiel im Sozialgesetzbuch, in der Strafprozessordnung oder im Arzneimittelgesetz, verabschiedet.[95] Genaue Regelungen zum strukturellen Aufbau der Daten auf der eGK finden sich im §291a Abs. 2 und 3 SGB V. Hier werden die zu speichernden Daten in fakultative und obligate Anwendungen unterschieden. Die freiwilligen Angaben sind nur mit der Einwilligung des Versicherten möglich.[96] Ebenso muss der Versicherte im Vorfeld genau über die Hintergründe der Karte informiert werden.[97] Er hat die Möglichkeit, einzelne fakultative Anwendungen freizuschalten, genauso wie er seine Einwilligung ohne Angabe von Gründen widerrufen kann.[98] Nach §291a Abs. 6 Satz 1 SGB V kann der Karteninhaber jederzeit die Löschung seiner Daten einschließlich des eRezeptes verlangen. Das GMG gibt keinen genauen Aufschluss darüber, wie die Daten gespeichert oder verarbeitet werden. Aus Aspekten der Datensicherheit und des Datenschutzes ist aber auf eine zentrale Speicherung zu verzichten. Die eGK hat neben dem gesetzlich vorgeschriebenen Lichtbild auch ein ausdifferenziertes Zugriffsrechtesystem.[99] In §291a Abs. 4 und 5 SGB V ist festgelegt, dass nur der Versicherte, Ärzte, Zahnärzte, Apotheker, Apothekerassistenten, Pharmazieingenieure und Personen, die in einem Krankenhaus als berufsmäßige Gehilfen oder zur Vorbereitung auf den Beruf

---

[92] Vgl. Gematik (2008), S. 28f.
[93] BMWA/BMBF (2003), S. 33.
[94] Vgl. Wilhelm, D./Schneider, A./Goetz, C. F. J. (2005), S. 1157f.
[95] Vgl. Haas, P. (2006), S. 230.
[96] Vgl. BMJ (2010a), §291a Abs. 5 Satz 1 SGB V.
[97] Vgl. Weichert, T. (2004), S. 398f.
[98] Vgl. BMJ (2010a), §291a Abs. 3 Satz 2-4 SGB V.
[99] Vgl. Eberspächer, J./Picot, A./Braun, G. (2006), S. 210f.

tätig sind, Zugriff auf die eGK haben. Um sicherzustellen, dass neben dem Versicherten nur autorisierte Berufsgruppen Zugriff auf die eGK beziehungsweise die freiwilligen Anwendungen haben, wurde der Heilberufsausweis (HBA) beziehungsweise die *Health Professional Card* (HPC) eingeführt.[100] Diese verfügt, je nach Typ, über eine fortgeschrittene oder qualifizierte elektronische Signatur laut §2 Nr. 2 und 3 SigG. Im Fall, eines Auslandsaufenthalts des Versicherten kann dieser mit seiner Karten-PIN die Daten selbstständig freischalten.[101] Bei den obligaten Funktionen besteht die Autorisierung nur im Besitz der eGK.[102] Nach §291a Abs. 4 Satz 2 SGB V muss es dem Versicherten möglich sein, seine Daten einzusehen. Dies wird mit Hilfe sogenannter Patientenkioske ermöglicht.[103] Zur Verhinderung von Missbrauch enthält das GMG Schutzvorschriften. §291a Abs. 8 Satz 1 SGB V verbietet, vom Versicherten den Zugriff auf die Daten der Gesundheitskarte zu verlangen, sofern diese nicht zu Abrechnungs- oder Verwaltungszwecken benötigt werden. In §291a Abs. 8 Satz 2 SGB V wird festgelegt, dass dem Versicherten keine Vor- oder Nachteile durch eine Verweigerung entstehen dürfen. Verstöße gegen §291 Abs. 8 Satz 1 SGB V werden als Ordnungswidrigkeit mit einem Bußgeld von bis zu 50.000 Euro geahndet.[104] Falls der Täter sich, entgegen der Vorschriften, Zugriff zu den Daten laut §291a Abs. 4 Satz 1 SGB V verschafft, kann sogar eine Freiheitsstrafe bis zu einem Jahr verhängt werden.[105] Handelt der Täter vorsätzlich, mit der Absicht sich zu bereichern oder jemanden zu schädigen, kann das mit einer Freiheitsstrafe von bis zu drei Jahren geahndet werden.[106] Um das Verhältnis von Leistungserbringer und Versicherten zu stärken, hat man den Beschlagnahmeschutz erweitert. Demnach ist es verboten, vorhandene Daten auf der Karte oder in Arztpraxen zu beschlagnahmen.[107] Dies gilt auch für Daten, die bei externen Dienstleistungsunternehmen gespeichert und verwaltet werden.[108]

---

[100] Vgl. BMJ (2010a), §291a Abs. 5 Satz 3 SGB V.
[101] Vgl. BMJ (2010a), §291a Abs. 5 Satz 5 SGB V.
[102] Vgl. BMJ (2010a), §291a Abs. 5 Satz 4 SGB V.
[103] Vgl. Eberspächer, J./Picot, A./Braun, G. (2006), S. 210f.; vgl. Haas, P. (2006), S. 230.
[104] Vgl. BMJ (2010a), §307 Abs. 3 SGB V.
[105] Vgl. BMJ (2010a), §307a Abs. 2 SGB V.
[106] Vgl. BMJ (2010a), §307b Abs. 2 SGB V.
[107] Vgl. BMJ (2010b), §97 StPO.
[108] Vgl. BMJ (2010b), §97 StPO.

4 Sicherheits- und Schutzmaßnahmen der elektronischen Gesundheitskarte

Im folgenden Kapitel werden einzelne Sicherheits-und Schutzmaßnahmen separat voneinander betrachtet. Dabei werden Sie in externe und interne Schutzmaßnahmen unterteilt. Anschließend wird der Prozess der Datenübermittlung beziehungsweise Datenverarbeitung bei der eGK bezüglich der Schutzmaßnahmen näher erläutert.

4.1 Externe Schutzmaßnahmen

4.1.1 Triadenkonzept

Das Triadenkonzept oder auch „Drei-Karten-Konzept" beschreibt die Dreiteilung des sogenannten HBA. Der HBA autorisiert bestimmte generische Gruppen, Daten auf der eGK zu lesen, zu verändern und zu speichern.[109] Zu diesen Berufsgruppen zählen alle Personen laut §291a Abs. 4 SGB V. Die HPC beinhaltet neben der bekannten Ausweisfunktion auch die Möglichkeit, Daten zu ver-oder entschlüsseln, elektronische Signaturen zu erstellen oder sich gegenüber dem System zu authentifizieren.[110] Um zu verhindern, dass jeder Mitarbeiter, Arzt oder medizinisch Auszubildender Zugriff auf die Daten der eGK hat, wurden von der Bundesregierung im §291a SGB V festgelegt, dass geeignete Maßnahmen getroffen werden müssen, um Rechte und Zugriffe zu beschränken.

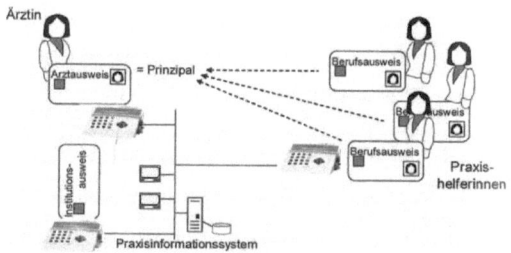

Abbildung 3: Triadenkonzept

(Quelle: Haas, P. (2006), S. 256)

---

[109] Vgl. Goetz, C. F. J. (2005), S. 29; vgl. Müller, J. H. (2005), S. 631.
[110] Vgl. Wilhelm, D./Schneider, A./Goetz, C. F. J. (2005), S. 1160.

Demnach sind drei Ausweistypen zu unterscheiden.[111] Ausweistyp A respektive der HBA ist für staatlich anerkannte und geprüfte Heilberufler gedacht.[112] Heilberufler, wie Ärzte oder Apotheker, können mit dessen Hilfe Signaturen erstellen, Daten ver- oder entschlüsseln beziehungsweise lesen und erstellen oder sich gegenüber dem System authentifizieren. Diese drei Funktionen werden durch drei unterschiedliche Schlüssel-paare gesichert.[113] Jedes zertifizierte Schlüsselpaar besteht aus einem öffentlichen und einem privaten Schlüssel. Dabei können die Authentifikation und die Verschlüsselung durch eine persönliche Identifikationsnummer (PIN) und die elektronische Signatur durch eine andere PIN angesprochen werden.[114] Zusätzlich zu diesen Funktionen ist jeder Ausweis mit dem Namen des Karteninhabers versehen und speziell gekennzeich-net, so dass jede Person laut §291a Abs. 4 SGB V einer spezifischen Gruppe zugeordnet werden kann. Bei dem Ausweistyp A wären dies zum Beispiel Ärzte und Apotheker. Der Berufsausweis oder Ausweistyp B unterstützt dieselben Funktionen wie der HBA.[115] Allerdings ist er der Gruppe der Mitarbeiter zugeordnet.[116] Neben den Eigen-schaften des HBAs besitzt er zusätzlich einen Verweis auf den Karteninhaber des Typs A.[117] Dies ist notwendig, damit Mitarbeiter einem bestimmten Arzt oder Apotheker zu-geordnet werden können. Karten des Ausweistyps C sind hingegen keinen Personen zugeteilt, sondern beispielsweise Organisationseinheiten wie Stationen oder Institutio-nen.[118] Institutskarten oder Organisationsausweise verfügen über eine ähnliche Signa-tureinstellung wie die Ausweise des Typs A und B. Jedoch können Ausweise des Typs C keine Daten auf der eGK lesen beziehungsweise schreiben, wenn sie nicht von einem Karteninhaber des Typs A oder B dazu berechtigt wurden.[119] Ähnlich dem Berufsaus-weis verfügt der Institutionsausweis über eine Verweisstruktur zum behandelnden Arzt oder Apotheker, die ihn eindeutig identifiziert.[120] Alle drei Karten können, je nach ge-gebenen Umständen, durch zusätzliche Zertifikate ausgebaut werden.[121] Anwendung findet zum Beispiel das X.509 Zertifikat.[122] Es enthält in der dritten Version wesentli-

---

[111] Vgl. Goetz, C. F. J. (2005), S. 29ff.; vgl. Haas, P. (2006), S. 255.
[112] Vgl. Goetz, C. F. J. (2005), S. 29; vgl. Haas, P. (2006), S. 255; vgl. Wilhelm, D./Schneider, A./Goetz, C. F. J. (2005), S. 1160f.
[113] Vgl. Haas, P. (2006), S. 255.
[114] Vgl. Haas, P. (2006), S. 255.
[115] Vgl. Haas, P. (2006), S. 255.
[116] Vgl. Wilhelm, D./Schneider, A./Goetz, C. F. J. (2005), S. 1162.
[117] Vgl. Wilhelm, D./Schneider, A./Goetz, C. F. J. (2005), S. 1162.
[118] Vgl. Wilhelm, D./Schneider, A./Goetz, C. F. J. (2005), S. 1160.
[119] Vgl. Goetz, C. F. J. (2005), S. 29.
[120] Vgl. Goetz, C. F. J. (2005), S.29.
[121] Vgl. Haas, P. (2005), S. 254.
[122] Goetz, C. F. J. (2005), S. 29.

che Angaben zur Gültigkeit des HBAs, Informationen über den Karteninhabers und andere.

Aus datenschutzrechtlicher Sicht kann der Versicherte durch die Dreiteilung der HPC selbst entscheiden, wem er seine Gesundheitsdaten zur Verfügung stellt. Er kann mit Hilfe der HPC die Identität des Karteninhabers prüfen und gegebenenfalls seine Einwilligung verweigern. Gleichzeitig werden durch die Authentifikations-, Signierungs- und Verschlüsselungsfunktion die Schutzziele der Datensicherheit erfüllt.

4.1.2 Rechte- und Datenverwaltung

Die informationelle Selbstbestimmung des Versicherten erfordert grundsätzlich die alleinige Entscheidung über die Weitergabe und Verwendung der Gesundheitsdaten durch den Versicherten.[123] Deshalb wurde in der Gesundheitstelematik ein Kiosksystem eingeführt, welches dem Versicherten einen sicheren Zugang zu seinen Gesundheitsdaten ermöglicht.[124] Ein Kiosksystem, ist ein System, das auf einen bestimmten Verwendungszweck ausgerichtete, gekapselte Anwendungssysteme beinhaltet.[125] Anwendungssystem und Benutzeroberfläche sind dabei so zu gestalten, dass auch ungeübte Personen damit umgehen können.[126]

	Patient	Arzt/Apotheker	Apothekerass., Pharmazie-Ing.	Andere Heilberufe	sonstiges med. Personal
Versicherungsdaten	eGK	eGK	eGK		eGK
eRezept	eGK+PatPIN	eGK + HBA	eGK + BA		
Notfalldaten	eGK+PatPIN+HBA	eGK + HBA		im Notfall	
Arztbrief		eGK + PatPIN + HBA		im Notfall	
Arzneimittel-dokumentation		eGK + PatPIN + HBA		im Notfall	
Patientenakte/Verweise		eGK + PatPIN + HBA		im Notfall	
Sonst. med. Daten		eGK + PatPIN + HBA		im Notfall	
eigene med. Daten	eGK+PatPin	eGK + PatPIN + HBA			

Abbildung 4: Zugriffsberechtigungs - Matrix

(Quelle: Haas, P. (2006), S. 260)

---

[123] Vgl. Müller, J. H. (2005), S. 629.
[124] Vgl. Caumanns, J. u. a. (2006), S. 347.
[125] Vgl. Haas, P. (2006), S. 270.
[126] Vgl. Haas, P. (2006), S. 270.

Ähnlich wie bei dem Triadenkonzept der HPC kann der Versicherte keinen kompletten Zugriff auf seine Gesundheitsdaten erhalten.[127] Bestimmte Daten kann er nur in Verbindung mit einer HPC oder einem Berufsausweis benutzen.[128] Abbildung 4 veranschaulicht die Zugriffsberechtigungs-Matrix der eGK. Der Versicherte kann nun mit Hilfe der eGK, seiner PIN und einem Zugriffsterminal, seine Daten einsehen und gegebenenfalls Transaktionen durchführen.[129] Beispielsweise könnte der Versicherte bei eRezepten nur bestimmte Rezepte für den Apotheker freischalten. Diese speziellen Transaktionsfunktionen respektive Zugriffsrechte sind nur für Patientenkioske bestimmt und können nicht von Arztpraxen oder Apotheken getätigt werden.[130] Später wird es möglich sein, die Verwaltung seiner Gesundheitsdaten auch von zu Hause aus zu erledigen. Dazu werden von den Krankenkassen sogenannte Sicherheitskits ausgegeben.[131] Der Versicherte hat somit immer Einfluss auf seine Daten, egal ob er über einen Terminal zugreift oder im Beisein eines Arztes Einträge in seine ePA bestätigt. Aus datenschutzrechtlicher Sicht ist damit sein Recht auf informationelle Selbstbestimmung gewährleistet.

Im Fall der eGK werden die Gesundheitsdaten sowohl auf der Karte, als auch auf verteilten Systemen gespeichert sein.[132] Die Telematikinfrastruktur sieht ein dezentrales Netzwerk vor, welches aus verschiedenen Servern verschiedener Dienste besteht.[133] Beispielsweise wird es spezielle Anwendungs-, Infrastruktur- oder Sicherheitsdienste geben, die sich um die Verwaltung oder Weiterleitung der Gesundheitsdaten kümmern.[134] Dazu werden Daten wie der Notfalldatensatz beziehungsweise die Pflichtdaten der eGK, zentral auf der Karte gespeichert. Größere Daten wie Befunde oder Arztbriefe werden durch den Konnektor verschlüsselt und in den Rechnern der Telematikinfrastruktur hinterlegt.[135] Im Rahmen der Speicherung der Daten werden die Pflichtanwendungen durch Pseudonymisierung in der Telematik gesichert.[136] Das hat den Vorteil, dass die Datenverwaltung respektive Telematikinfrastruktur flexibel und leicht erweiterbar ist.[137] Bei der Datenerhebung gelten die Grundsätze des Datenschutzes. Genauere

---

[127] Vgl. BMG (2008), S. 35.
[128] Vgl. BMG (2008), S. 35.
[129] Vgl. Caumanns, J. u. a. (2006), S. 347f.; vgl. Haas, P. (2006), S. 270.
[130] Vgl. Caumanns, J. u. a. (2006), S. 348.
[131] Vgl. KKH- Allianz Gesetzliche Krankenversicherung (2010).
[132] Vgl. Müller, J. H. (2005), S. 632.
[133] Vgl. Caumanns, J. u. a. (2006), S. 344ff.
[134] Vgl. Gematik (2008b), S. 27; vgl. Gematik (2008c), S. 555.
[135] Vgl. Gematik (2008), S. 25.
[136] Vgl. Gematik (2008c), S. 133ff.
[137] Vgl. Caumanns, J. u. a. (2006), S. 343.

Betrachtungen zur Datenverwaltung beziehungsweise Datenspeicherung würden jedoch zu weit führen.

4.2 Interne Schutzmaßnahmen

4.2.1 Verschlüsselungsverfahren

Verschlüsselung ist ein Prozess, der einen beliebigen Klartext durch Anwendung eines speziellen Verschlüsselungsalgorithmus in eine nicht einfach zu interpretierende Zeichenfolge übersetzt.[138] Bei der eGK werden zwei unterschiedliche Verschlüsselungsverfahren angewandt. Zum einen die symmetrische Verschlüsselung und zum anderen die asymmetrische Verschlüsselung.[139] Die Mischung aus beiden Verfahren wird auch als hybride oder gemischte Verschlüsselung bezeichnet.[140] Bei der symmetrischen Verschlüsselung wird der Klartext mittels eines beliebigen geheimen Schlüssels chiffriert und über zwei verschiedene Transportwege zum Empfänger geschickt.[141] Dieser kann die codierte Nachricht mit dem geheimen Schlüssel entschlüsseln. Vorteil dieses Verfahrens ist, dass es wenig Rechenzeit in Anspruch nimmt und deshalb sehr schnell funktioniert.[142] Allerdings besteht die Gefahr, dass beide Teile abgefangen werden können, wenn die Transportwege nicht ausreichend gesichert sind.[143] Bei der asymmetrischen Verschlüsselung wird statt des geheimen Schlüssels ein Schlüsselpaar verwendet.[144] Um nun einen Klartext zu codieren, ist es wichtig, dass das Schlüsselpaar des Empfängers benutzt wird.[145] Dabei wird der Klartext mit dem öffentlichen Schlüssel chiffriert.[146] Anschließend wird der verschlüsselte Klartext über einen sicheren Kanal zu dem Empfänger geschickt. Dieser kann mit Hilfe seines privaten Schlüssels die Nachricht entschlüsseln.[147] Positiv an diesem Verfahren ist, dass kein geheimer Schlüssel übertragen wird.[148] Genauso kann der öffentliche Schlüssel jedem bekannt sein, da er nur zum Verschlüsseln verwendet wird. Auf der anderen Seite ist das Verfahren relativ rechenintensiv. Die gemischte oder hybride Verschlüsselung verknüpft die Stärken beider Verfahren. Dabei wird der Klartext symmetrisch verschlüsselt und anschließend der geheime

---

[138] Vgl. Schmeh, K. (2009), S. 41.
[139] Vgl. Gundermann, L. (2008), S. 270.
[140] Vgl. Gundermann, L. (2008), S. 270; vgl. Schmeh, K. (2009), S. 181; Siehe Kapitel 4.1.1.
[141] Vgl. Gematik (2008), S. 8.
[142] Vgl. Gematik (2008), S. 8.
[143] Vgl. Gematik (2008), S. 8; vgl. Schmeh, K. (2009), S. 159f.
[144] Vgl. Gundermann, L. (2008), S. 270; vgl. Haas, P (2006), S. 141f.
[145] Vgl. Schmeh, K. (2009), S. 161.
[146] Vgl. Gundermann, L. (2008), S. 270.
[147] Vgl. Gematik (2008), S. 9; vgl. Schmeh, K. (2009), S. 161.
[148] Die Ausführungen im folgenden Abschnitt beziehen sich auf: vgl. Gematik (2008), S. 9ff.

Schlüssel mit dem öffentlichen Schlüssel chiffriert.[149] Danach werden die codierte Nachricht beziehungsweise der codierte Schlüssel zum Empfänger geschickt und mit seinem privaten Schlüssel dechiffriert.[150]

Bei der elektronischen Gesundheitskarte werden im Moment der *Tripple Data Encription Standard* (3TDES) und der *Advanced Encription Standard* (AES)-256 als symmetrische und der Rivest-Shamir-Adleman Algorithmus (RSA), in verschiedenen Modullängen, als asymmetrisches Verschlüsselungsverfahren verwendet.[151] Es ist geplant, dieses Konzept im ersten Quartal 2011 auf AES-128 respektive 256 und RSA-1976 beziehungsweise *Elliptic Curve Cryptography* (ECC)-256 umzustellen. Begründet wird dies mit der Einführung der zweiten Generation der eGK sowie der Sicherheit der Verfahren bezüglich der Laufzeit der eGK. Im Rahmen dieser Arbeit werden der AES beziehungsweise das RSA-Verfahren näher erläutert.

Der AES, wurde im November 2001 als Nachfolger des *Data Encription Standards* (DES) zum Standard in den USA erklärt.[152] Der AES „ist eine symmetrische Blockchiffre mit variabler Block- und Schlüssellänge".[153] Er ist schneller und effizienter als der DES und sowohl für Hardware- als auch Software- Applikationen geeignet.[154] Durch seinen geringen Ressourcenverbrauch eignet er sich besonders für die Anwendung in Smartcards. Die Funktionsweise des AES basiert auf dem Durchlaufen von mehreren Runden.[155]

Schlüssellänge (Bit)	Blocklänge (Bit)		
	128	192	256
128	10	12	14
192	12	12	14
256	14	14	14

Abbildung 5: *Advanced Encription Standard*

(Quelle: Eckert, C. (2006), S. 323)

In Abbildung 4 sind die jeweils zu durchlaufenden Runden aufgeführt. Diese sind abhängig von der Block- und Schlüssellänge. Möglich sind 128, 192 und 256 Bit Block-

---

[149] Vgl. Gundermann, L. (2008), S. 270.
[150] Vgl. Gematik (2008), S. 10.
[151] Die Ausführungen im folgenden Abschnitt beziehen sich auf: vgl. Gematik (2008c), S. 535ff.
[152] Vgl. Schmeh, K. (2009), S. 127.
[153] Eckert, C. (2006), S. 323.
[154] Vgl. Eckert, C. (2006), S. 323f.
[155] Vgl. Eckert, C. (2006), S. 323f.

und Schlüssellängen.[156] Die eGK nutzt je nach Anwendung 128 Bit respektive 256 Bit als Schlüssellängen und standardgemäß 128 Bit als Blocklänge.[157] Der Rundenaufbau bei AES besteht im Wesentlichen aus der Verknüpfung der Datenblöcke mit dem jeweiligen Rundenschlüssel.[158] Dabei wird jeder Rundenschlüssel durch verschiedene Funktionen aus dem geheimen, generierten Schlüssel abgeleitet. Damit ist der Klartext in jeder Runde mit dem Schlüssel verknüpft und bietet dadurch wenig Angriffspunkte für lineare und differentielle Angriffe. Bei der eGK wird AES unter anderem im *Cipher-Block-Chaining* (CBC)-Modus verwendet.[159] Im CBC-Modus wird jeder Klartextblock vor dem Verschlüsseln mit dem vorhergehenden Geheimtextblock „exklusiv Oder" verknüpft.[160] In der ersten Runde wird dazu ein Initialvektor als Ersatz für den Geheimtextblock benutzt. Laut Experten ist der AES eine „schnelle, flexible und sehr elegante und sichere" Verschlüsselungsmethode.[161]

Das RSA-Verfahren wurde 1978 von Ronald Rivest, Adi Shamir und Leonard Adleman entwickelt. Es basiert auf einem Faktorisierungsproblem großer natürlicher Zahlen und eignet sich zum Verschlüsseln beziehungsweise zum Austausch von Kommunikationsschlüsseln und der Erstellung elektronischer Signaturen.[162] Die Funktionsweise des RSA-Verfahrens besteht im Wesentlichen aus drei Abschnitten.[163] Im ersten Abschnitt werden zwei hinreichend große Primzahlen p und q gewählt und miteinander multipliziert. Dabei sind p und q so zu wählen, dass das Produkt n mindestens 200-stellig ist, um ein hinreichend hohes Sicherheitsniveau zu erreichen. Im zweiten Abschnitt wird eine natürliche Zahl e bestimmt, wobei e teilerfremd zur Euler'schen Funktion von n ist. e und n bilden anschließend den öffentlichen Schlüssel. Hierbei ist zu beachten, dass e die Werte 3, 17 oder 65537 annehmen sollte, um den Klartext schnell und effizient zu verschlüsseln. Im dritten Abschnitt wird d als multiplikative Inverse zu e Modulo der Euler'schen Funktion von n berechnet. d und n bilden zusammen den privaten Schlüssel. Er wird auf der eGK in einem speziell gegen aktive und passive Lauschangriffe und

---

[156] Schmeh, K. (2009), S. 128.
[157] Gematik (2008a), S. 39f.
[158] Die Ausführungen im folgenden Abschnitt beziehen sich auf: vgl. Eckert, C. (2006), S. 323ff.; vgl. Schmeh, K. (2009), S. 128ff.
[159] Vgl. Gematik (2008a), S. 34ff.
[160] Vgl. Schmeh, K. (2009), S. 345f.
[161] Eckert, C. (2006), S. 325.
[162] Vgl. Bourseau, F./Fox, D./Thiel, C. (2002), S. 84f.
[163] Die Ausführungen im folgenden Abschnitt beziehen sich auf: vgl. Eckert, C. (2006), S. 329ff.; vgl. Schmeh, K. (2009), S. 174ff.

physische Einwirkungen gesicherten Bereich aufbewahrt.[164] Dieser Bereich wird als digitaler Tresor bezeichnet.[165] Die Verwaltung der Schlüsselpaare und damit die Speicherung der Werte für p, q, e und n übernehmen sogenannte Zertifizierungsdienste.[166] Zertifizierungsdienste sind amtlich beglaubigte respektive zertifizierte Stellen, die Zertifikate über solche Schlüsselpaare ausstellen.[167] In Deutschland übernimmt diese Aufgabe u.a. die TC Trust Center GmbH in Hamburg. Sie stellen Zertifikate nach §2 und §§4-14 SigG aus. Das X.509 Zertifikat ist zum Beispiel Bestandteil der HPC.[168] Es enthält neben den Angaben in Kapitel 4.1.1 auch Informationen über die Schlüssel, die Gültigkeit des Zertifikats oder den Verwendungszweck des Schlüssels.[169] Die eGK besitzt ebenfalls ein Zertifikat für die Verschlüsselung der Daten per RSA. Dabei werden die Gesundheitsdaten vom Konnektor mittels AES symmetrisch codiert.[170] Anschließend wird der symmetrische Schlüssel mit dem öffentlichen Schlüssel des Patienten per RSA verschlüsselt. Je nach Verwendung werden hierfür Modullängen von bis zu 2048 Bit verwendet.[171] Somit wird nicht nur die Vertraulichkeit der Daten, sondern auch die des geheimen Schlüssels gewährleistet.

Laut Gematik soll in den nächsten Jahren das Elliptische Kurven-Verschlüsselungsverfahren das RSA-Verfahren ablösen.[172] Das Elliptische Kurven-Kryptoverfahren gilt bisher als sicher, da es noch keine bekannte Lösungsstrategie gibt. Erstmals wurde dieses Verschlüsselungsverfahren 1985 vorgeschlagen.[173] Es basiert auf einem diskreten Logarithmenproblem und wird mit kürzeren Schlüsseln als das RSA-Verfahren auskommen. Damit spart es nicht nur Ressourcen, sondern wird auch effizienter und schneller arbeiten.[174] Das macht es besonders interessant für Smartcard-Lösungen. Die Einzelheiten des Verfahrens würden allerdings den Umfang dieser Arbeit übersteigen.

---

[164] Vgl. Gematik (2008), S. 18.
[165] Vgl. Gematik (2008), S. 18.
[166] Vgl. Gematik (2008b), S. 130.
[167] Vgl. Eckert, C. (2006), S. 391f.
[168] Vgl. Haas, P. (2006), S. 254f.
[169] Vgl. Schmeh, K. (2009), S. 522ff.
[170] Vgl. Gematik (2008), S. 22.
[171] Vgl. Gematik (2008), S. 17.
[172] Vgl. Gematik (2008), S. 18.
[173] Vgl. Eckert, C. (2006), S. 340.
[174] Vgl. Buchmann, J. (2002), S. 102.

4.2.2 Signierungs- und *Hash*-Funktionen

Elektronische Signaturen werden bei der eGK zur Authentizitäts- beziehungsweise Datenintegritätsprüfung verwendet. Dabei werden die elektronischen Signaturen nicht von der eGK, sondern von Ausweisen der Klasse A, B oder C, des behandelnden Mediziners oder Mitarbeiters ausgelöst.[175] Die Ausweise des Typs A und B verfügen über eine qualifizierte elektronische Signatur, Ausweise des Typs C lediglich über eine fortgeschrittene elektronische Signatur.[176] Beide Signaturverfahren müssen bestimmte Anforderungen erfüllen. Laut Definition des Bundesministeriums für Justiz sind fortgeschrittene elektronische Signaturen einfache Signaturen, die ausschließlich dem Signaturschlüsselinhaber zugeordnet werden können respektive nur mit Mitteln erzeugt werden, die der Inhaber kontrollieren kann.[177] Außerdem muss der Schlüsselinhaber eindeutig identifizierbar sein beziehungsweise müssen Manipulationen am signierten Inhalt nachweisbar sein. Bei der qualifizierten Signatur gelten dieselben Bedingungen wie bei der fortgeschrittenen Signatur, jedoch sind die verwendeten Schlüsselpaare von einer Zertifizierungsstelle beglaubigt. Durch die Nutzung zertifizierter Schlüsselpaare kann die Authentizität der Daten sichergestellt werden.[178] Sowohl bei den Ausweisen des Typs A und B als auch des Typs C werden Schlüsselpaare verwendet, die per RSA generiert wurden.[179] Damit der Empfänger der Daten sichergehen kann, dass die Nachricht nicht manipuliert wurde, werden die Daten mit dem privaten Signierungsschlüssel des Senders verschlüsselt beziehungsweise signiert.[180] Der Empfänger kann dann mit dem öffentlichen Schlüssel die Daten wieder entschlüsseln. Dadurch wird sichergestellt, dass die Daten authentisch sind.

Um den Signierungsvorgang zu beschleunigen, werden sogenannte *Hash*-Verfahren eingesetzt. Diese errechnen mit Hilfe einer *Hash*-Funktion den *Hash*-Wert der entsprechenden Nachricht. Anschließend wird der *Hash*-Wert mit dem Signierungsschlüssel der HPC signiert.[181] Bei der eGK wird unter anderem der *Secure Hash Algorithm* (SHA)-1 und 256 eingesetzt.[182] Er zerlegt die Nachricht in 512 Bit-Blöcke und bildet

---

[175] Vgl. Gematik (2008), S. 21.
[176] Vgl. Goetz, C. F. J. (2005), S. 28f.
[177] Die Ausführungen im folgenden Abschnitt beziehen sich auf: vgl. BMJ (2010c), §2 Abs.2, 3 SigG.
[178] Vgl. Gematik (2008), S. 21.
[179] Vgl. Gematik (2008a), S. 35ff.
[180] Vgl. Eckert, C. (2006), S. 374.
[181] Vgl. Gematik (2008), S. 21.
[182] Vgl. Gematik (2008a), S. 43ff.; vgl. Gundermann, L. (2008), S. 270.

fünf sogenannte Initialwerte.[183] Die Initialwerte werden anschließend mittels einer Kompressionsfunktion rundenweise mit jedem 512 Bit-Block verknüpft. In der letzten Runde werden die Initialwerte addiert und bilden den *Hash*-Wert der Nachricht. Der SHA wurde von der *National Security Agency* entwickelt und wird zum Beispiel im *Secure Socket Layer* (SSL), im *Internet Protocol Security* (IPSec) oder in Webbrowsern eingesetzt. Durch den Rundenbezug, der Initialwerte zum Klartextblock, stellt er die Datenintegrität sicher. Eine Abwandlung des SHA wird bei der Datenübermittlung der Gesundheitsdaten angewandt. Sogenannte *Hash Message Authentication Code* (HMAC)-Verfahren werden bei der eGK in den Protokollen zur Datenübertragung verwendet.[184] Sie berechnen den *Hash*-Wert aus der Verknüpfung der *Hash*-Funktion, der Nachricht und einem geheimen symmetrischen Schlüssel.[185] Der geheime Schlüssel wird durch den Diffie-Hellman Schlüsselaustausch generiert.[186] Damit wird zusätzlich die Datenintegrität der Pakete bei der Anwendung von IPSec und SSL gewährleistet.

4.2.3 Virtuelle Private Netze

Um eine sichere und abhörresistente Kommunikation zwischen dem lokalen Netz der Primärsysteme und dem Netz der Telematikinfrastruktur aufzubauen, wird ein virtuelles privates Netzwerk (VPN) eingerichtet.[187] Dazu werden von der Gematik drei verschiedene Internetprotokolle genannt, die diese Kommunikation vor Angriffen schützen. Einerseits wird das SSL Protokoll und das IPSec verwendet, um eine gesicherte Verbindung zu integrieren, andererseits wird die *Domain Name System Security Extension* genutzt, um die *Internet Protocol* (IP)-Adresse zu verifizieren.[188] Im Rahmen dieser Arbeit werde ich mich mit dem SSL und dem IPSec Protokoll befassen. Das SSL Protokoll ist auf der Anwendungsschicht des *Transmission Control Protocol/Internet Protocol* (TCP/IP)-Schichtenmodells vertreten.[189] Im *Open Systems Interconnection* (OSI)-Schichtenmodell ist es zwischen der Kommunikations- und Transportschicht angesiedelt. Es besitzt neben Verschlüsselung, Authentizität und Integritätskontrollen für das *Transmission Control Protocol* auch die Möglichkeit einer Kompressionsfunktion.[190] Aufgrund der Lage des SSL unterhalb der Anwendungsschicht, ist es anwendungsunab-

---

[183] Die Ausführungen im folgenden Abschnitt beziehen sich auf: Schmeh, K. (2009), S. 219ff.
[184] Vgl. Gematik (2008a), S. 42ff.
[185] Vgl. Schmeh, K. (2009), S. 241.
[186] Vgl. Gematik (2008a), S. 38ff.
[187] Vgl. Gematik (2009), S. 3; vgl. Meyer, M./Hönick, U. (2006), S. 156f.
[188] Vgl. Gematik (2008a), S. 38ff.
[189] Vgl. Gematik (2008), S. 27.
[190] Vgl. Schmeh, K. (2009), S. 647f.

hängig. Es kann die Daten bearbeiten, ohne dass die Applikation etwas merkt.[191] Das SSL Protokoll besteht aus zwei Ebenen. In der oberen Ebene werden die kryptografischen Verschlüsselungs- und *Hash*-Verfahren festgelegt und an die untere Ebene weitergereicht. Dazu wird in drei Teilprotokollen eine Kommunikationsverbindung zwischen Sender und Empfänger aufgebaut, um Sicherheitsassoziationen auszutauschen, gegebenenfalls unterbrochene Verbindungen wieder aufzunehmen und die Sicherheitsassoziationen an die untere Schicht weiterzureichen.[192] Bei der eGK bestehen die *Ciphersuite* beziehungsweise die Sicherheitsassoziationen aus einer Identifikation der beiden Parteien mit dem X.509 Zertifikat und der Kombination von RSA mit AES-128 im CBC-Modus und anschließendem *Hashing* mit HMAC per SHA.[193] HMAC-Verfahren sind schlüsselabhängige *Hash*-Funktionen.[194] Optional kann auch AES-256 im CBC-Modus verwendet werden.[195] Das vierte Protokoll der oberen Ebene reicht die Daten aus der Kommunikationsschicht weiter an die untere Ebene. In der unteren Ebene, dem *Record* Protokoll, werden die Daten zerlegt und im Anschluss gemäß der *Ciphersuite* komprimiert, gehasht und verschlüsselt.[196] Das SSL Protokoll wird unter anderem bei der Kommunikation zwischen Kartenterminal und Konnektor und bei jedweder Übertragung zwischen den Anwendungs- und Infrastrukturdiensten der Telematik auf *https*-Basis verwendet.[197] Die Sicherheit des Protokolls beruht auf der Geheimhaltung der Schlüssel des *Handshake* Protokolls.[198] Das *Handshake* Protokoll vereinbart die *Ciphersuite*.[199] Außerdem können Sender und Empfänger durch die Bestätigung ihrer zertifizierten Identitäten ihren Kommunikationspartner verifizieren.

Das IPSec Protokoll basiert auf dem IP Protokoll und ist auf der Vermittlungsschicht im OSI-Schichtenmodell und auf der Netzwerkschicht im TCP/IP-Modell integriert.[200] Es verfügt zusätzlich zum IP Protokoll über die Eigenschaft, die Nutzlast zu verschlüsseln beziehungsweise mit einer schlüsselabhängigen *Hash*-Funktion zu *hashen*.[201] IPSec besteht aus zwei Teilprotokollen dem *Authentication Header* (AH) und dem *Encapsula-*

---

[191] Vgl. Schmeh, K. (2009), S. 648f.
[192] Vgl. Schmeh, K. (2009), S. 650ff.
[193] Vgl. Gematik (2008a), S. 39f.
[194] Lipp, M. (2007), S. 165.
[195] Vgl. Gematik (2008a), S. 39f.
[196] Vgl. Eckert, C. (2006), S. 743f.
[197] Vgl. Gematik (2008a), S. 40ff.
[198] Vgl. Eckert, C. (2006), S. 746.
[199] Vgl. Schmeh, K. (2009), S. 650f.
[200] Vgl. Haas, P. (2006), S. 79.
[201] Vgl. Schmeh, K. (2009), S. 637f.

ted Security Payload (ESP).[202] Das ESP codiert die von der oberen Schicht übergebenen Datenpakete. Bei der eGK werden hierfür die Daten mit AES-128 respektive 256 im CBC-Modus verschlüsselt. Anschließend werden die Datenpakete mit HMAC per SHA-1 *gehasht*.[203] Das AH Protokoll *hasht* die Datenpakete erneut. Dazu verwendet es dasselbe HMAC-Verfahren wie das ESP Protokoll. Es verfügt über zwei *Header*-Felder. Einen für die Zuordnung zu einem beliebigen Kontext und Eines für das Resultat eines HMAC-Verfahrens.[204] Um die Informationen über das verwendete Verschlüsselungs- und *Hashing*-Verfahren auszutauschen, benutzt IPSec das *Internet Key Exchange* Protokoll (IKE).[205] IKE beziehungsweise ein Unterprotokoll von IKE ist bereits auf der Anwendungsschicht des OSI-Schichtenmodells integriert.[206] Damit der Austausch der sensiblen Verschlüsselungsdaten sicher ist, verwendet die eGK beziehungsweise IKE den Diffie-Hellman Schlüsselaustausch.[207] Dieser legt einen gemeinsamen, geheimen Schlüssel fest. Die elektronische Gesundheitskarte verwendet zur Authentifikation des Schlüssels ein HMAC-Verfahren mit SHA-1/256 respektive zur Identitätskontrolle das X.509 Zertifikat.[208] Damit die IP-Pakete von Angreifern nicht einfach zu lesen sind, werden sie im Tunnel-Modus verschickt.[209] Der Tunnel-Modus besagt, dass die IP-Pakete komplett verschlüsselt und anschließend in den Nutzdatenteil eines anderen IP-Pakets gepackt werden.[210] Dadurch wird es für Angreifer schwierig, die Empfänger-Adresse in Erfahrung zu bringen. IPSec wird bei der eGK zwischen Netzkonnektor und VPN-Konzentrator eingerichtet.[211]

4.3 Datenübermittlung

Der Prozess der Datenübermittlung gliedert sich bei der eGK in zwei Bereiche. Zum einen in den Bereich, der die Daten auf den Transport vorbereitet und zum anderen in den Bereich, welcher die Daten über eine sichere Verbindung in die vernetzten Rechenzentren der Telematikinfrastruktur weiterleitet. Im ersten Teil werden die Daten mit Hilfe des Konnektors verschlüsselt, *gehasht* und signiert. Der Konnektor ist dabei das Bindeglied zwischen dem Kartenprozessor der eGK, der lokalen Informationstechnolo-

[202] Vgl. Lipp, M. (2007), S. 176.
[203] Vgl. Gematik (2008a), S. 43f.
[204] Vgl. Schmeh, K. (2009), S. 639f.
[205] Vgl. Schmeh, K. (2009), S. 638.
[206] Vgl. Schmeh, K. (2009), S. 640ff.
[207] Vgl. Gematik (2008a), S. 38f.
[208] Vgl. Gematik (2008a), S. 43f.
[209] Vgl. Gematik (2008b), S. 220f.
[210] Vgl. Lipp, M. (2007), S. 181.
[211] Vgl. Gematik (2008a), S. 39.

gie in Arztpraxen, Krankenhäusern beziehungsweise Apotheken und der Telematikinfrastruktur.[212] Der Konnektor ist vergleichbar mit einem modernen Rechner, der über spezielle Sicherheitseigenschaften verfügt. Er ist von der Gematik und dem BSI zertifiziert.[213] Bevor die Daten für den Versand vorbereitet werden, müssen sich Arzt und Patient durch die Eingabe ihrer PIN authentifizieren.[214] Danach werden die für den Versand vorgesehenen Daten wie Befunde, Arztbriefe oder Verordnungen aus den Rechnersystemen des Arztes zum Konnektor geschickt. Dieser verschlüsselt die Daten via AES-256.[215] Nachdem die Gesundheitsdaten symmetrisch verschlüsselt sind, lädt der Konnektor den öffentlichen, asymmetrischen Schlüssel vom Kartenprozessor des Patienten. Mit ihm wird der symmetrisch erzeugte, geheime Schlüssel codiert.[216] Dadurch wird die Vertraulichkeit der Daten sichergestellt. Im Anschluss berechnet der Konnektor über SHA-256 eine Prüfsumme zu den medizinischen Daten.[217] Damit wird zum einen die Datenintegrität gesichert und zum anderen werden veränderte oder fehlende Daten schneller erkannt. Nachdem die Prüfsumme berechnet wurde, schickt der Konnektor diese an den Kartenprozessor des HBA, wo sie elektronisch signiert wird.[218] Dazu wird die Prüfsumme mit dem privaten Signierungsschlüssel des Arztes signiert und mit einem X.509 Zertifikat des Arztes versehen, wodurch die Echtheit der Signatur belegt wird.[219] Dieser Vorgang stellt sicher, dass die Gesundheitsdaten authentisch sind, das heißt diese gehören dem Patienten und sind vom Arzt erstellt worden. Danach bündelt der Konnektor sämtliche Daten, darunter die verschlüsselten Gesundheitsdaten, die Prüfsumme, den verschlüsselten Geheimschlüssel sowie die digitale Signatur und verpackt sie in einem digitalen Ordner.[220] Im zweiten Teil werden die gepackten Daten durch ein mehrfach gesichertes Netzwerk in die Rechenzentren der Telematikinfrastruktur geleitet und dort gespeichert.[221] Dazu wird eine abhörsichere VPN-Verbindung zwischen dem lokalen Netz und dem Telematikrechner aufgebaut.[222] Diese Verbindung basiert auf einer Endpunkt-zu-Endpunkt Verbindung, um vor internen Angreifern ge-

---

[212] Vgl. Caumanns, J. u. a. (2006), S. 344; vgl. Gematik (2008b), S. 27; vgl. Meyer, M./Hönick, U. (2006), S. 156f.
[213] Vgl. Gematik (2008), S. 20; vgl. Meyer, M./Hönick, U. (2006), S. 156.
[214] Vgl. BMG (2008), S. 37f.; vgl. Bölsche, J. (2008), S. 39; vgl. Goetz, C. F. J. (2005), S. 29.
[215] Vgl. Gundermann, L. (2008), S. 270.
[216] Vgl. Gematik (2008), S. 20; vgl. Gundermann, L. (2008), S. 270.
[217] Vgl. Gematik (2008), S. 20; vgl. Gematik (2008a), S. 30ff.
[218] Vgl. Gematik (2008), S. 20.
[219] Vgl. Haas, P. (2006), S. 175.
[220] Vgl. Gematik (2008), S. 21.
[221] Vgl. Gematik (2008a), S. 38ff.
[222] Vgl. Caumanns, J. u. a. (2006), S. 344.

schützt zu sein.[223] Nachdem die Daten für den Versand vorbereitet wurden, baut der Konnektor eine sichere Verbindung zu dem Netzwerk-*Gateway* der Telematikinfrastruktur auf.[224] Dazu teilt er die Daten des digitalen Ordners mit dem SSL Protokoll und verschlüsselt sie.[225] Anschließend werden die zerkleinerten SSL-Pakete nochmals mit IPSec auf der Vermittlungsschicht geteilt und verschlüsselt und in das VPN eingespeist.[226] Der Konnektor hat dabei nicht nur die Aufgabe, die Pakete zu teilen und einen abhörsicheren Kanal aufzubauen, sondern kontrolliert jedes Paket nochmals, damit keine unbefugten Pakete in das Netzwerk gelangen.[227] Das Netzwerk-*Gateway* besteht aus einem oder mehreren VPN-Konzentratoren (*Gateways*).[228] Diese kontrollieren einerseits, ob es sich um einen zugelassenen Konnektor handelt, andererseits übernehmen sie die Weiterleitung der Datenpakete zum Anwendungs-*Gateway*.[229] Dieses besteht bei der eGK aus einem *Brokerservice*.[230] Anwendungs- und Netzwerk-*Gateways* können sich gegenseitig authentifizieren.[231] Dieses ist die Verbindung zu den einzelnen Anwendungsdiensten wie den VSSD, dem *Card Application Management System* oder der ePA.[232] Jeder *Broker* kontrolliert die eingehenden Pakete und vermittelt sie an die einzelnen Anwendungsdienste.[233] Außerdem besitzt jeder *Broker* ein Sicherheitssystem, welches ihn vor Überlastungsangriffen schützt.[234] Somit werden die Gesundheitsdaten authentifiziert und deren Verfügbarkeit gleichzeitig gesichert. Anschließend werden die Daten in der Telematikinfrastruktur wieder zusammengesetzt und in den entsprechenden Rechenzentren abgelegt. Um die Daten aus der Telematikinfrastruktur und den Anwendungsdiensten auszulesen, werden die gleichen Schritte in umgekehrter Reihenfolge ausgeführt.

---

[223] Vgl. Caumanns, J. u. a. (2006), S. 343; vgl. Gematik (2008), S. 26.
[224] Vgl. Gematik (2008b), S. 221.
[225] Vgl. Gematik (2008), S. 27.
[226] Vgl. Gematik (2008), S. 27.
[227] Vgl. Gematik (2008), S. 25f.
[228] Vgl. Gematik (2008b),S.27/vgl. Caumanns, J.(2006),S.346f.
[229] Vgl. Gematik (2008b), S. 27ff.
[230] Vgl. Gematik (2008b), S. 27.
[231] Vgl. Caumanns, J. u. a. (2006), S. 346.
[232] Vgl. Meyer, M./Hönick,U. (2006), S. 156.
[233] Vgl. Gematik (2008), S. 26ff.
[234] Vgl. Gematik (2008), S. 26ff.

5 Sicherheitsanalyse

Genau wie der elektronische Personalausweis steckt die eGK noch in ihren Kinderschuhen. In diesem Kapitel werden Risiken beziehungsweise Probleme der eGK kurz erläutert. Im Anschluss wird ein kurzer Überblick über mögliche Lösungskonzepte gegeben.

5.1 Ermittlung von Risiken und Problemen

Trotz der großen Bandbreite an Funktionen, die die eGK bietet, stehen viele Patienten und Ärzte der Karte skeptisch gegenüber.[235] Durch die Einführung der eGK wird ein Großteil der Abläufe in Arztpraxen, Apotheken et cetera elektronisch geregelt. So wird beispielsweise der Zugriff auf die Daten des Patienten durch eine PIN geschützt. Das führt jedoch zu Problemen bei der Behandlung behinderter Personen, dementer Menschen, Parkinson-Patienten und andere.[236] Für sie ist die Eingabe der PIN eine körperliche respektive geistige Überforderung.[237] Genauso sehen Ärzte in der Eingabe der Signierungs-PIN, zur Beglaubigung von eRezepten oder für Einträge in die ePA, ein Problem.[238] Für sie ist es einerseits eine Verkomplizierung von Arbeitsabläufen und andererseits stellt das mehrmalige Eintippen oder PIN ein Sicherheitsrisiko durch Ausspähen dar.[239] Ebenso stellt sich die Frage, wie ein Patient behandelt werden soll, der seine eGK vergessen oder verlegt hat beziehungsweise sich als andere Person ausgibt.[240] Aus informationstechnischer und kryptografischer Perspektive ist die eGK ein Sicherheitsrisiko. Durch das Hinterlegen der Gesundheitsdaten auf zentralen Servern, sind sie nicht vor externen Angriffen sicher.[241] Unklar ist auch, wie sich das System bei einem Ausfall verhält beziehungsweise wie die Telematikinfrastruktur gewartet wird. Außerdem sind Kryptographen der Ansicht, dass der AES nicht uneinnehmbar ist. So kommen bereits heute Angriffe auf 3 bis 5 Runden an die jeweiligen Schlüssellängen heran.[242] Auch der RSA-Algorithmus ist auf Dauer nicht absolut sicher. Laut dem Nachrichtenmagazin heise.de wurde bereits Ende 2009 RSA-768 geknackt, d.h. eine 768 Bit lange Zahl n konnte nach circa drei Jahren in ihre Primfaktoren zerlegt werden.[243] Experten gehen

---

[235] Vgl. Bölsche, J. (2008), S. 36.
[236] Vgl. Bölsche, J. (2008), S. 39.
[237] Vgl. Krüger-Brand, H. E. (2008), S. 391.
[238] Vgl. Booz&Co. (2009), S. 19ff.
[239] Vgl. Meyer, M./Hönick, U. (2006), S. 158.
[240] Vgl. BMG (2010).
[241] Vgl. Bölsche, J. (2008), S. 40.
[242] Vgl. Schmeh, K. (2009), S. 135.
[243] Vgl. Heise Online (2010); vgl. RSA Laboratories (2010).

davon aus, dass RSA-1024 in rund zehn Jahren entschlüsselt werden kann.[244] Auch im Wirkbetrieb der eGK gibt es Probleme. Beispielsweise sind die Einlesezeiten der VSSD zu hoch oder es treten Stabilitätsprobleme bei System-*Updates* auf.[245]

5.2 Lösungs- und Verbesserungsvorschläge

Neben den Problemen und Risiken die in Kapitel 5.1 erläutert wurden, existieren eine Reihe von Lösungs- beziehungsweise Verbesserungsvorschlägen zur Optimierung der eGK. Die PIN-Eingabe könnte beispielsweise durch biometrische Erkennung mittels Fingerabdruck ersetzt werden.[246] Weiterhin wird vorgeschlagen, dass Ärzte und medizinisches Personal, die berechtigt sind, Dokumente elektronisch zu signieren, durch Eingabe ihrer Signierungs-PIN ein gewisses Kontingent an Signierungen freischalten können.[247] Auf diese Weise soll der Mehraufwand für Heilberufler minimiert werden und die Akzeptanz gefördert werden.[248] Um die Auslagerung der Gesundheitsdaten auf zentrale Server zu vermeiden, wurde auf dem Ärztetag vorgeschlagen, die Daten auf einem USB-Stick zu speichern.[249] Damit wird zwar das Problem der zentralen Speicherung umgangen, fraglich ist allerdings, was passiert, wenn der USB-Stick verloren geht. Aus der Perspektive der Sicherheit der kryptografischen Verfahren beziehungsweise deren Aktualität, legt die Gematik in Zusammenarbeit mit dem BSI genaue Richtlinien und Maßstäbe fest, die die angewandten Verfahren erfüllen müssen.[250] In dem Zusammenhang werden zum Beispiel alle eGK und HBAs alle sechs Jahre ausgetauscht.[251] Ebenso werden während des Wirkbetriebs sowohl *Software-* als auch *Hardware*-Komponenten gewartet und aktualisiert.[252] Ähnlich wie bei dem Spiralmodell werden bereits während des Testbetriebs bestimmte Arbeitsprozesse analysiert, Verbesserungen ausgearbeitet und umgesetzt. Mit der Einführung der eGK und deren Testbetrieb müssen Anforderungskataloge et cetera angepasst beziehungsweise überabeitet werden.[253] Aus Sicht der Akzeptanz der eGK bedarf es weiterer Förderung des Marketings und der Öffentlichkeitsarbeit. Gleichzeitig müssen die Bundesregierung und alle anderen beteiligten Insti-

---

[244] Vgl. Heise Online (2010).
[245] Vgl. Booz&Co. (2009), S. 15ff.
[246] Vgl. Meyer, M./Hönick, U. (2006), S. 159; vgl. Weichert, T. (2004), S. 395.
[247] Vgl. Meyer, M./Hönick, U. (2006), S. 158f.
[248] Vgl. Meyer, M./Hönick, U. (2006), S. 158f.
[249] Vgl. Bölsche, J. (2008), S. 40.
[250] Vgl. Gematik (2008), S. 15.
[251] Vgl. Gematik (2008), S. 15.
[252] Vgl. Gematik (2009), S. 2f.
[253] Vgl. Booz&Co. (2009), S. 33.

tutionen die Bevölkerung besser über die Anwendung respektive die Sicherheit der eGK informieren.[254]

---

[254] Vgl. Booz&Co. (2009), S. 31.

6 Zusammenfassung und Ausblick

In dieses Kapitel werden die wichtigsten Aussagen und Ergebnisse, die im Rahmen dieser Arbeit getroffen wurden, kurz zusammengefasst.

Im ersten Teil dieser Arbeit wurden die Begriffe Datenschutz und Sicherheit voneinander abgegrenzt. Zu diesem Zweck wurden sie anhand ihrer Eigenschaften respektive Schutzziele näher erläutert. Im weiteren Verlauf der Arbeit wurden die Merkmale zur Unterscheidung der einzelnen Datenschutz- und Sicherheitsmaßnahmen angesprochen worden. Der zweite Teil beschäftigte sich mit den Grundlagen der eGK. Der Umfang des Konzeptes „eGK" sollte veranschaulicht werden und die grundlegenden Funktionen der eGK näher beleuchtet werden. Die Funktionen und der rechtliche Rahmen bildeten den Übergang zum Hauptteil der Arbeit. Hier wurden die wesentlichen Sicherheitskonzepte der eGK erklärt und gegenüber den, im ersten Teil beschriebenen, Schutzzielen beziehungsweise Richtlinien abgegrenzt. Im Rahmen des Kapitels der Datenübermittlung wurden sie in einen einheitlichen Zusammenhang gebracht. Im letzten Kapitel wurden anhand einer vereinfachten Sicherheitsanalyse bestimmte Sicherheitslücken verdeutlicht und Lösungsvorschläge gegeben.

Der Inhalt dieser Arbeit gibt lediglich einen groben Überblick über die Kernelemente der eGK wieder. Die Vorgabe zum Umfang der Arbeit schränkten von vornherein die zu bearbeitenden Themenkreise vielfältig ein. Dabei orientieren sich die Betrachtungen an den Aussagen der einzelnen Quellen. Tiefergehende Erläuterungen zu den Funktionen der eGK wie deren Speicherung oder Verwaltung, konnten aufgrund der Komplexität nicht ausgeführt werden. Genauso konnten weiterführende Angaben zur Telematikinfrastruktur, die den Kern der Sicherheit der eGK darstellen, nicht betrachtet werden. Interessante Themen wie der Aufbau der einzelnen Dienste und deren Sicherheitskonzepte bleiben im Rahmen dieser Arbeit offen. Weitere interessante Ansätze wie etwa die Integration des Elliptischen Kurven-Kryptoverfahrens und dessen Sicherheit respektive Performanz sind attraktive Forschungsthemen beziehungsweise Aufgabenstellungen für weiterführende Arbeiten.

Literaturverzeichnis

Bales, S. (2005): Die Einführung der elektronischen Gesundheitskarte in Deutschland, In: Bundesgesundheitsblatt-Gesundheitsforschung-Gesundheitsschutz, 2005, H. 7, S. 727-731

BFDI Bundesbeauftragter für den Datenschutz und die Informationsfreiheit (2005): Datenvermeidung ist der beste Datenschutz, Bonn 2005, http://www.bfdi.bund.de/cln_030/nn_531072/DE/Oeffentlichkeitsarbeit/Pressemitteil ungen/2005/28-05DatenvermeidungIstDerBesteDatenschutz.html, eingesehen am: 15.10.2010

BMG Bundesministerium für Gesundheit (Hrsg.) (2008): Die elektronische Gesundheitskarte, Berlin 2008

BMG Bundesministerium für Gesundheit (Hrsg.) (2009): Informationen zum Lichtbild auf der elektronischen Gesundheitskarte, Berlin 2009, http://www.bundesgesundheitsministerium.de/SharedDocs/Downloads/DE/Standarda rtikel/E/Glossar-Elektronische-Gesundheitskar-te/Lichtbild,templateId=raw,property=publicationFile.pdf/Lichtbild.pdf, eingesehen am: 15.10.2010

BMG Bundesministerium für Gesundheit (Hrsg.) (2009a): Informationen zum Thema Europäische Krankenversichertenkarte, Berlin 2009, http://www.bundesgesundheitsministerium.de/cln_178/SharedDocs/Downloads/DE/ Standardartikel/E/Glossar-Elektronische-Gesundheitskar-te/europaeische_20Krankenversicherungskarte,templateId=raw,property=publication File.pdf/europaeische%20Krankenversicherungskarte.pdf, eingesehen am: 15.10.2010

BMG Bundesministerium für Gesundheit (2010): Fragen und Antworten zur elektronischen Gesundheitskarte, Berlin 2010; http://www.bundesgesundheitsministerium.de/cln_178/nn_1168248/SharedDocs/Sta ndardartikel/DE/AZ/E/Glossar-Elektronische-Gesundheitskarte/Fragen-Antworten.html#doc1873504bodyText9, eingesehen am: 23.11.2010

BMJ Bundesministerium für Justiz (2010): Bundesdatenschutzgesetz, Berlin 2010, http://www.gesetze-im-internet.de/bdsg_1990/index.html, eingesehen am: 12.10.2010

BMJ Bundesministerium für Justiz (2010a): Sozialgesetzbuch Fünftes Buch: Gesetzliche Krankenversicherung, Berlin 2010, http://www.gesetze-im-internet.de/sgb_5/index.html, eingesehen am: 12.10.2010

BMJ Bundesministerium für Justiz (2010b): Strafprozessordnung, Berlin 2010, http://www.gesetze-im-internet.de/stpo/index.html , eingesehen am: 12.10.2010

BMJ Bundesministerium für Justiz (2010c): Signaturgesetz, Berlin 2010, http://www.gesetze-im-internet.de/sigg_2001/index.html, eigesehen am: 12.10.2010

BMWA/BMBF Bundesministerium für Wirtschaft und Arbeit/Bundesministerium für Bildung und Forschung (2003): Informationsprogramm Deutschland 2006: Aktionsprogramm der Bundesregierung, Berlin 2003

Bölsche, J. (2008): Big Brother würde Mitleid haben, In: Spiegel, 2008, H. 52, S. 36-40

Booz&Co. (2009): Ergebnisse der wissenschaftlichen Evaluation Feldtest Release 1, Berlin 2009, interne Quelle der KKH

Bourseau, F./Fox, D./Thiel, C. (2002): Vorzüge und Grenzen des RSA-Verfahrens, In: Datenschutz und Datensicherheit, 2002, H.26, S. 84-89

BSI Bundesamt für Sicherheit und Informationstechnik (Hrsg.) (2009): Leitfaden Informationssicherheit: IT-Grundschutz kompakt, Bonn 2009

Buchmann, J. u.a. (2002): Elliptische Kurven Kryptographie-hocheffizient und praktikabel, In: Thema Forschung, 2002, H. 1, S. 102-109

Caumanns, J. u.a. (2006): Die eGK-Lösungsarchitektur: Architektur zur Unterstützung der Anwendungen der elektronischen Gesundheitskarte, In: Informatik Spektrum, 2006, H. 29, S. 341-348

27. Datenschutzkonferenz (2005): Montreux Declaration, Montreux 2005, http://www.privacyconference2005.org/fileadmin/PDF/montreux_declaration_e.pdf, eingesehen am: 12.10.2010

Derleder, P./Knops, K.-O./Bamberger, H.G. (Hrsg.) (2004): Handbuch zum deutschen und europäischen Bankenrecht, Heidelberg 2004

Eberspächer, J./Picot, A./Braun, G. (Hrsg.) (2006): eHealth: Innovations- und Wachstumsmotor für Europa: Potenziale in einem vernetzten Gesundheitsmarkt, Berlin Heidelberg 2006

Eckert, C. (2006): IT-Sicherheit, 4. überarb. Aufl., Oldenburg 2006

Gematik Gesellschaft für Telematikanwendungen der Gesundheitskarte mbH (2007): Die Spezifikation der elektronischen Gesundheitskarte: Teil 3: Äußere Gestaltung, Berlin 2007, http://www.gematik.de/cms/media/dokumente/release_0_5_2/release_0_5_2_egk/ge matik_eGK_Spezifikation_Teil3_V2_1_0.pdf, eingesehen am: 12.10.2010

Gematik Gesellschaft für Telematikanwendungen der Gesundheitskarte mbH (Hrsg.) (2008): Die elektronische Gesundheitskarte: Whitepaper Sicherheit, Berlin 2008

Gematik Gesellschaft für Telematikanwendungen der Gesundheitskarte mbH (2008a): Verwendung kryptografischer Algorithmen in der Telematikinfrastruktur, Berlin 2008, http://www.gematik.de/cms/media/dokumente/release_0_5_2/release_0_5_2_datensc hutz/gematik_GA_Spezifikation_Kryptographischer_Algorithmen_V1_3_0.pdf, eingesehen am: 12.10.2010

Gematik Gesellschaft für Telematikanwendungen der Gesundheitskarte mbH (2008b): Einführung der Gesundheitskarte: Gesamtarchitektur, Berlin 2008, http://www.gematik.de/cms/media/dokumente/release_0_5_2/release_0_5_2_archite ktur/gematik_GA_Gesamtarchitektur_V1_3_0.pdf, eingesehen am: 15.10.2010

Gematik Gesellschaft für Telematikanwendungen der Gesundheitskarte mbH (2008c): Einführung der Gesundheitskarte: Übergreifendes Sicherheitskonzept der Telematikinfrastruktur, Berlin 2008, http://www.gematik.de/cms/media/dokumente/release_0_5_2/release_0_5_2_datensc hutz/gematik_DS_Sicherheitskonzept_V2_2_0.pdf, eingesehen am: 24.11.2010

Gematik Gesellschaft für Telematikanwendungen der Gesundheitskarte mbH (Hrsg.) (2009): eGK Aktuell: Infopost zur Einführung der elektronischen Gesundheitskarte: Thema Datensicherheit, 2009, H. 1, S. 1-7

Gematik Gesellschaft für Telematikanwendungen der Gesundheitskarte mbH (2010): Telematik: Infrastruktur und Gesundheitskarte: Anwendungen der eGK, Berlin 2010, http://www.gematik.de/cms/de/egk_2/anwendungen/anwendungen_1.jsp, eingesehen am: 12.10.2010

GKV Die Gesetzlichen Krankenkassen (2007): Das elektronische Rezept, BErlin http://www.gkv.info/gkv/fileadmin/user_upload/Projekte/Telematik_im_Gesundheits wesen/2.1.7_das_elektronische_rezept.pdf, eingesehen am: 18.10.2010

Goetz, C. F. J. (2005): Strukturgefüge künftiger Heilberufsausweise im deutschen Gesundheitswesen, In: Sonderausgabe Telemedizinführer Deutschland, 2005, H. 1.Sonderausgabe, S. 28-31

Gundermann, L. (2008): Telematikinfrastruktur der elektronischen Gesundheitskarte: Basis für sichere Datenspeicherung, In: Deutsches Ärzteblatt, 105 Jg., 2008; H. 6, S. 268-272

Haas, P. (2006): Gesundheitstelematik: Grundlagen Anwendungen Potentiale, Heidelberg 2006

Heise Online (2010): RSA-768 geknackt, http://www.heise.de/security/meldung/RSA-768-geknackt-899073.html eingesehen am: 23.11.2010

Hildebrand, C. u.a. (2005): Der Einsatz von Gesundheitskarten in Europa, In: Telemedizinführer Deutschland, 2005, Ausgabe 2005, S. 45-48

KKH-Allianz Gesetzliche Krankenversicherung (2010): IT-Sicherheitskit, http://www.kkh-allianz.de/index.cfm?pageid=3408, eingesehen am: 08.11.2010

Krüger-Brand, H. E. (2008): Telematik im Gesundheitswesen: „Zu Risiken und Nebenwirkungen fragen Sie...", In: Deutsches Ärzteblatt, 105 Jg., 2008, H. 8, S. 391-392

Lipp, M. (2007): VPN-Virtuelle Private Netzwerke: Aufbau und Sicherheit, München 2007

Meyer, M./Hönick, U. (2006): Sichere Telematikinfrastruktur im Gesundheitswesen: Die eHealth-Gesamtarchitektur in Deutschland wird getestet, In: Datenschutz und Datensicherheit, 2006, H. 30, S. 155-160

Müller, J. H. (2005): Gesundheitstelematik und Datenschutz, In: Bundesgesundheitsblatt - Gesundheitsforschung - Gesundheitsschutz, 2005, H. 6, S. 629-634

Roßnagel, A. (2005): Verantwortung für Datenschutz, In: Informatik Spektrum, 2005, H. 28, S. 462-473

RSA Laboratories (2010): RSA-768 is factored!, http://www.rsa.com/rsalabs/node.asp?id=3723, eingesehen am: 23.11.2010

Schaar, P. (2007): Das Ende der Privatsphäre: Der Weg in die Überwachungsgesellschaft, 2. Auflage, München 2007

Schmeh, K. (2009): Kryptografie: Verfahren, Protokolle, Infrastrukturen, 4. aktual. und erw. Auflage, Heidelberg 2009

Weichert, T. (2004): Die elektronische Gesundheitskarte, In: Datenschutz und Datensicherheit, 2004, H. 28, S. 391-403

Wilhelm, D./Schneider, A./Goetz, C. F. J. (2005): Die neue Gesundheitskarte: Elektronische Gesundheitskarten und Heilberufsausweise als unverzichtbare Elemente der kommenden Telematikinfrastruktur im Gesundheitswesen, In: Der Onkologe, 2005, H. 11, S. 1157-1165

ZTG Zentrum für Telematik und Gesundheitswesen GmbH (2010): Elektronische Gesundheitskarte: Inhalte der eGK, Bochum 2010, http://www.egesundheit.nrw.de/content/elektronische_gesundheitskarte/allgemeine_infos_zur_egk/inhalte_der_egk/index_ger.html, eingesehen am: 18.10.2010

ZTG Zentrum für Telematik und Gesundheitswesen GmbH (2010a): Elektronische Gesundheitskarte: Infos für Ärzte: Versichertenstammdaten, Bochum 2010, http://www.egesundheit.nrw.de/content/elektronische_gesundheitskarte/infos_fuer_a erzte/versichertenstammdaten/index_ger.html, eingesehen am: 18.10.2010